HOE JE HET KANTOOR BEHEERT
ALS EEN PROFESSIONELE LEIDER

2

Vrolijk

3

5

invoering

De functie van de officemanager verandert. Voor mij bestaat er geen twijfel. Voordat de uitbraak van het coronavirus begon, begon de rol te veranderen. De positie van de officemanager verandert echter wanneer hij terugkeert naar een echte of virtuele werkplek.

Kantoormanagers zijn niet langer verantwoordelijk voor het kopen van kantoorbenodigdheden, het repareren van kapotte printers of het zorgen dat werknemers na de lunch de afwas doen. Tegenwoordig zijn ze essentieel voor werknemerstevredenheid, veiligheid, retentie en meer.

Dit essay onderzoekt de kwaliteiten, vaardigheden en

middelen die een uitstekende officemanager nodig heeft om dit jaar en tot ver in de toekomst succesvol te zijn in zijn of haar werk.

Het vermogen om een werkplek te beheren is essentieel, omdat u kunt helpen een productieve en plezierige werkomgeving voor uw werknemers te creëren en hen op weg naar succes kunt helpen. Het gebruik van goede managementstrategieën kan u helpen uw kantoorruimte te verbeteren en het succes van uw bedrijf te vergroten, of het nu gaat om het organiseren van uw werkplek of het helpen ontwikkelen en trainen van de talenten van uw teamleden . Dit essay legt de waarde uit van effectief office management en geeft een lijst met praktische tips.

Als officemanager heb je meestal de taak om ervoor te zorgen dat alles zo soepel mogelijk verloopt. Maar het efficiënt runnen van een kantoor kan soms een beetje uitdagend zijn als je een groep mensen toevoegt met verschillende persoonlijkheden, ander briefpapier en software, en een verscheidenheid aan afleidingen. U moet dit echter niet allemaal verbieden. Eigenlijk zou dit als inspiratie moeten dienen voor een schone werkplek!

Het managen van een kantoor houdt jongleren met een verscheidenheid aan verantwoordelijkheden in. Werkplekmanagers zorgen ervoor dat de werkvloer dag na dag, week na week, maand na maand en jaar na jaar op rolletjes loopt. Er zijn verschillende aspecten waarmee rekening moet worden gehouden op dagelijks of mondiaal niveau. Kantoorbudgettering, voorraadbeheer, zitplaatsen en indeling, nieuwe medewerkers aannemen, administratie bijhouden en andere taken kunnen allemaal op de takenlijst van een officemanager staan.

Hier zijn enkele tips voor kantoorbeheer om alles soepel te laten verlopen als u een kantoor efficiënt wilt runnen en uw leiderschaps- en managementvaardigheden wilt verbeteren.

Typische taken van een functie als officemanager zijn:

Het gebruik van technologie en software om de efficiëntie van kantooractiviteiten te maximaliseren.

• Beheer offline en online opslagsystemen.

• Maak en onderhoud budgetten voor de werkplek.

• Houd kantoorapparatuur in goede staat en voer de nodige reparaties uit.

• Als receptiepersoneel afwezig of ziek is, vraag dan om meer hulp.

• Beantwoorden van vragen en klachten van klanten.

• Onderzoek de veiligheid op de werkplek en voer de nodige updates uit.

Een nieuwe definitie van officemanagement

De rol van een officemanager is tegenwoordig ingewikkelder en dynamischer dan ooit tevoren als gevolg van veranderende technologie, bedrijfsstructuren en algemene werkomstandigheden.

Werkplekmanagers in veel organisaties zien nog steeds toe op een vaste fysieke werkplek waar een kernteam van medewerkers werkt tijdens normale kantooruren. Het werk en de mensen onder toezicht van veel officemanagers zijn echter verspreid over meerdere locaties, tijdzones en verschillende soorten banen (vooral degenen die voor technologiebedrijven werken).

Als gevolg hiervan zal je baan als officemanager in een ongelooflijk snel tempo groeien. Vanwege deze snelle veranderingen zijn er ook nieuwe functies, nieuwe tools en nieuwe hindernissen die moeten worden overwonnen. De vaardigheden die je nodig hebt om te slagen in je carrière en de verantwoordelijkheden die je krijgt, zullen ongetwijfeld anders zijn, ook al is de functietitel dat niet.

In dit artikel hebben we enkele van de veranderingen besproken die u tijdens uw carrière als officemanager kunt verwachten, evenals enkele van de uitdagingen waarmee u waarschijnlijk regelmatig te maken krijgt. En hoe je "baan" er ook uitziet, we praten over het onmiskenbare belang van je rol en geven je de middelen en aanmoediging die je nodig hebt om een verschil te maken.

Wat is een officemanager?

Als het om kantoorbeheer gaat, gaat het erom wat een productief kantoor maakt. Alle officemanagers zijn verantwoordelijk voor het plannen, coördineren en reguleren van kantooractiviteiten, waarbij ze toezicht houden op overheidstoezicht, arbeidsreglementering en medewerkerstevredenheid. Officemanagers hebben verschillende rollen, afhankelijk van de behoeften van uw organisatie.

Officemanagementfuncties kunnen per branche verschillen, maar de basisverantwoordelijkheden van deze managers zijn over het algemeen relatief vergelijkbaar. Officemanagers hebben soms de macht om werknemers aan te nemen, te ontslaan, op te leiden en te promoveren. Daarnaast zorgen ze voor de goede werking van de administratieve functies van een bedrijf, zorgen ze voor de beschikbaarheid van de nodige apparatuur en controleren ze de goede staat van kantoorapparatuur.

Maak van je kantoor een positieve plek om te werken
Het vermogen en de motivatie van uw medewerkers om goed werk te leveren wordt bepaald door de fysieke omgeving waarin zij werken. Onze omgeving heeft een enorme impact op ons als mens. We vullen onze huizen met herinneringen en artefacten die ons inspireren of ons een goed gevoel geven. Om ons "thuis" te voelen, versieren we onze auto's en onze werkplekken.

Soortgelijke inspanningen worden ook geleverd op commerciële sites om een bepaalde sfeer te behouden. Terwijl stadions en concertzalen zijn ontworpen om visueel stimulerend te zijn, zijn hotels en spa's ontworpen om comfort en rust te bevorderen. Terwijl restaurants donker, romantisch, jeugdig of gezellig kunnen zijn, zijn medische voorzieningen vlekkeloos en eigentijds.

Esthetiek alleen is echter niet voldoende om het doel of gevoel van een kamer over te brengen. Het is ook belangrijk om na te denken over hoe mensen met elkaar omgaan, de organisatie en configuratie van de ruimte, de prestaties van individuen en respect voor het milieu. Slechte klantenservice van het hotelpersoneel kan niet worden gemaskeerd door opvallende kunstwerken aan de muren. Als de tafels vies zijn of de eetkamer vol en druk is, zullen klanten de poging van een restaurant om een warme en rustige sfeer te creëren niet waarderen. Het milieu is belangrijk.

Leer kantoortechnieken.

Soms aangeduid als kantoormedewerkers, coördinatoren en/of office operations managers, zijn deze personen vaak de eerste mensen waarmee iemand binnen of buiten de organisatie contact opneemt. Zijn rollen zijn gevarieerd, van het ondersteunen van de onboarding van nieuwe medewerkers en het bevorderen van een gezonde werkomgeving tot het werken als directieassistent.

Hierdoor loopt de werkdruk van een officemanager snel op. U moet niet alleen het nut en de aanpasbaarheid van uw kantoorruimte behouden, maar u moet ook de acties van werknemers, reizen, deadlines en een lange lijst met andere dingen beheren. Er worden veel verwachtingen gesteld aan de functie van officemanager en veel medewerkers hebben verschillende ideeën over wat die manager eigenlijk zou moeten doen.

Officemanager zijn is ongelooflijk lonend omdat je de verwachtingen van anderen kunt overtreffen. Je kunt persoonlijk verantwoordelijkheid nemen voor het succes van een organisatie en haar medewerkers en een belangrijke bijdrage leveren aan hun succes.

Hoewel veel van deze locaties zijn ontworpen om klantgericht te zijn, moet de werkplek ook rekening houden met de voorkeuren en behoeften van werknemers. Vanwege uw gemak en tevredenheid werken werknemers eerder efficiënt en bieden ze kwaliteitsservice die uw klanten zullen waarderen. Drie belangrijke veranderingen die u op uw werkplek kunt aanbrengen, zullen de prestaties en het geluk van uw werknemers verbeteren.

Wat is fundamenteel in kantoorbeheer?

Kantoorbeheer is essentieel omdat het de productiviteit van uw werknemers kan verhogen, u kan helpen uw tijd beter te besteden en de kwaliteit van het werk van uw bedrijf kan verhogen. U kunt uw administratieve vaardigheden verbeteren, een positieve werkomgeving bevorderen en het moreel van de werknemers stimuleren door effectieve ideeën en praktijken voor kantoorbeheer over te nemen.

Bereid het gebied voor.

Het organiseren van uw werkruimte kan de teamproductiviteit verhogen en een productieve werkomgeving bevorderen. Er zijn verschillende manieren om uw werkruimte te configureren, waaronder:

- Vaststelling van aangewezen werkplekken voor het personeel.
- Bijgewerkte procedures voor bedrijfsregistratie
- Labelen van vakken, lades en planken
- Sorteer projectmaterialen na voltooiing in opslagbakken en mappen
- Schrijf bijvoorbeeld voorraden op die u moet aanvullen. B. Nietmachine en printerinkt.

Als je een positieve werkomgeving wilt creëren, kan het schoonmaken van je kantoorruimte ook veel helpen. Overweeg een plan te maken dat u en uw team eraan herinnert om tijdens de werkdag specifieke delen van uw werkruimte schoon te maken. U kunt bijvoorbeeld op maandag de pauzeruimte afstoffen en schoonmaken en op donderdag de post herschikken en sorteren. Het houden van een schone werkruimte kan de productiviteit van werknemers verhogen en afleiding verminderen.

Bereid je voor in plaats van te reageren.

Je dag zal beter verlopen als je de tijd neemt om je voor te bereiden in plaats van spontaan te reageren op situaties die zich voordoen. Plannen maken voor de komende dag kan u helpen prioriteiten te stellen voor uw activiteiten en een deel van de stress en onzekerheid die het dagelijks leven met zich meebrengt te verminderen.

dossiers up-to-date houden

Het up-to-date houden van bedrijfsgegevens kan een belangrijk onderdeel zijn van het runnen van uw kantoor. Uw kantoor kan tijd besparen en uw team helpen efficiënter te werken door contactgegevens van klanten bij te houden, betalingsgegevens bij te werken en te noteren wanneer uw vertegenwoordigers al contact met klanten hebben opgenomen.

Een verkoper kan er bijvoorbeeld baat bij hebben om de contactgegevens van een nieuwe klant en de aard van de interactie te noteren en te bepalen of zijn team in de toekomst opnieuw contact met de klant moet opnemen. De verkoper kan de gegevens opslaan zodat een andere medewerker dezelfde klant niet terug hoeft te bellen als de chat goed is verlopen en de klant al overweegt om bij zijn bedrijf te kopen.

Wees de meest georganiseerde werknemer in het bedrijf.

Organisatorische en tijdmanagementvaardigheden staan niet voor niets bovenaan de lijst. Het gaat verder dan alleen het ontwikkelen van een nieuw bestandssysteem. Een officemanager moet niet alleen zijn eigen agenda kennen, maar ook de agenda van alle betrokkenen. De rol vereist dat u de dagelijkse activiteiten in evenwicht brengt met de langetermijnstrategieën van het bedrijf, externe leveranciers en werknemers. Als organisatorische vaardigheden ontbreken, zal het werk snel oplopen.

Maak een sorteermethode die voor u werkt.

Hoewel de meeste archivering nu digitaal gebeurt, is het nog steeds noodzakelijk om bij te houden wat er wordt opgeslagen en waar. Als het websysteem verwarrend is, ontwerp en implementeer dan een beter archiveringssysteem. Zorg ervoor dat andere mensen ook bekend zijn met de methode om ervoor te zorgen dat iedereen correct instuurt.

Creëer open communicatiekanalen.

Je collega's zullen als officemanager vast en zeker bij jou aankloppen met de meest uiteenlopende vragen, verzoeken of verzoeken. Er moeten effectieve communicatiekanalen worden opgezet om deze verzoeken snel te ontvangen en te verwerken.

Houd je inbox schoon en georganiseerd. Het negeren van e-mails of dingen onafgemaakt laten kan leiden tot grote desorganisatie en verloren e-mails. Probeer je mailbox altijd zo overzichtelijk mogelijk te houden. Maak uw medewerkers duidelijk hoe zij vragen kunnen stellen of suggesties kunnen doen. Natuurlijk, een simpele vraag als "Waar zijn de extra pennen?" Kan persoonlijk, maar grotere verzoeken moeten altijd schriftelijk worden gedaan. Dit creëert een archief en zorgt ervoor dat niets wordt vergeten. Stel regels op over hoe u op het werk gecontacteerd kunt worden, of het nu Slack is, e-mail of een ander communicatiekanaal met uw collega's.

Het kan zijn dat u wat tijd nodig heeft om te stoppen met het beantwoorden van vragen van uw collega's terwijl we communiceren. Concentreer u op uw belangrijke werk en handel vervolgens alle nieuwe verzoeken af. Leg uw taken en functie duidelijk uit wanneer iemand een verzoek doet waaraan u niet direct of helemaal niet kunt voldoen. U kunt de baan weigeren of aan iemand anders geven als het niet uw verantwoordelijkheid is.

Krijg de juiste esthetiek

Er zijn veel manieren om het uiterlijk van uw werkruimte te beïnvloeden, hoewel ontwerpkeuzes misschien niet helemaal aan u zijn. Een werkplek creëren waar iedereen zich op zijn gemak voelt, is een kunst, of het nu gaat om het plaatsen van verse bloemen bij de receptie of het vragen om de flikkerende lichten te vervangen, of alledaagse handelingen zoals het in onberispelijke staat herstellen van vergaderruimtes en het ophangen van kunstwerken aan de muren. Laat u inspireren door de reputatie van uw bedrijf en het soort werk dat uw medewerkers doen.

Als je merk grillig en storend is en je veel creatief werk doet, gebruik dan krachtigere kleuren, een moderne inrichting en inspirerende details. Als je werkruimte rustig is en je intensief, contemplatief werk doet, overweeg dan een minimalistische aanpak met gedempte tonen en minder visuele afleiding.

planningsvaardigheden

Officemanagers moeten van nature goede planners zijn. Je planningsactiviteiten omvatten alles van het organiseren van kantoorvergaderingen tot het toewijzen van taken. Van het plannen van bedrijfsactiviteiten op de lange termijn tot het efficiënt uitvoeren van dagelijkse taken, georganiseerde planning is een essentiële vaardigheid die elke goede officemanager zou moeten hebben.

vermogen om te managen

Administratieve kennis is voor een officemanager een vanzelfsprekendheid. Hoogstwaarschijnlijk bekleedde u administratieve functies voordat u officemanager werd. In deze rollen heb je een basisniveau van administratieve vaardigheden ontwikkeld en zul je dit blijven doen terwijl je je aanpast aan je nieuwe baan als officemanager. Je bent verantwoordelijk voor het onderhouden en ontwikkelen van de bedrijfscultuur en de verantwoordelijkheden van anderen, inclusief het evalueren van de prestaties van medewerkers. Daarnaast ben je verantwoordelijk voor diverse administratieve taken binnen de organisatie.

leiderschapspotentieel

De belangrijkste vaardigheid die een manager nodig heeft, is leiderschap; Sommige mensen hebben het van nature , andere niet. Of je leidt jezelf en je team blindelings naar een ramp, of je kunt een uitstekende leider zijn.

Leiderschap is er in vele soorten en maten. Bij een zakenreisorganisatie als Travel Perk ben je mogelijk verantwoordelijk voor het beheer van het werk van meer dan 100 werknemers of werk je aan een klein team van zes. Het is belangrijk om verantwoordelijkheid te nemen voor iedereen die voor je werkt, ongeacht het aantal werknemers.

Effectief delegeren van taken.
Het is belangrijk om te delegeren. Als het gaat om het toewijzen van taken , hebben veel managers de neiging om het meeste aan zichzelf te delegeren, of vooral aan een of twee werknemers, wat oneerlijk is

tegenover hen en de rest van het kantoorpersoneel.

De sleutel is om prioriteiten te stellen wat er moet gebeuren en vervolgens de controle uit handen te geven. Er is een probleem als je er niet bij kunt. Het werk van de manager kan overbelast raken en hij kan mogelijk niet effectief werken op andere gebieden als hij het werk niet kan verdelen.

Plan je week.
U kunt uw tijd efficiënter beheren en uw taken prioriteren door een wekelijks schema te maken. Bekijk geplande afspraken, vergaderingen en andere belangrijke taken en sorteer ze aan het begin van elke week op belangrijkheid. Gebruik bij

het bestellen de volgende categorieën:

- Onder vaste activiteiten wordt verstaan elke medewerkerbijeenkomst of beoordeling met een vaste datum. Vaak heb je deze taken al voor je liggen, waardoor je ze niet kunt veranderen. Het loont om eerst alle vaste taken uit te voeren en vervolgens de rest van de werklast onderling te verdelen.
- Topprioriteit: Taken die zo snel mogelijk moeten worden voltooid, meestal aan het einde van de week of op specifieke dagen van de volgende week, krijgen hoge prioriteit. Als u deze taken op

vervaldatum sorteert, kunt u ze in volgorde van belangrijkheid voltooien.

- Flexibel: de laatste taken die u aan uw agenda toevoegt, zijn meestal flexibele taken. Dit zijn vaak taken die je niet aan het einde van de week hoeft af te ronden, maar ze kunnen je helpen bij een project of taak met een deadline. Overweeg om je geplande flextaken uit te stellen tot volgende week als je ze deze week niet allemaal kunt inpassen, omdat je dan misschien meer tijd hebt om ze af te ronden.

Word een communicatiemeester

Om te slagen in de functie van officemanager, moet u beschikken over sterke communicatieve vaardigheden. Het helpt om nauwkeurige instructies te geven, problemen op te lossen en fouten te voorkomen. Een van de weinige functies in een bedrijf die iedereen raakt, van nieuwe medewerkers tot leidinggevenden op C-niveau, is officemanager. Zorg ervoor dat je over sterke communicatieve vaardigheden beschikt, want dit zal het werk een stuk gemakkelijker maken.

Wees creatief bij het oplossen van problemen

De diepgaande branche-ervaring die een officemanager in de loop van de tijd ontwikkelt, is ongeëvenaard. Ze zijn cruciaal voor het vermogen van een organisatie om de moeilijkste tijden te doorstaan en hebben sterke probleemoplossende vaardigheden. Hoe meer tijd u op het werk doorbrengt, hoe meer hulp u zult zoeken bij moeilijke persoonlijke problemen.

Het oplossen van problemen stopt daar echter niet. Een officemanager wordt vaak belast met het uitvoeren van een plan zonder de financiële middelen om dit te doen. De vereiste voor de rol is uw vermogen om uw middelen creatief te gebruiken en ondanks obstakels vooruit te komen.

prestaties behouden

Wat heb je aan een klus als er geen klus wordt geklaard? Het idee dat de omgeving waarin mensen werken helder moet zijn, vrij van afleiding en misschien wel het tegenovergestelde van compromissen sluiten, heerste tientallen jaren geleden. Arbeiders moesten in hun aangewezen gebieden blijven en werden geïsoleerd. Gelukkig zijn er dingen veranderd. Volgens onderzoek werken werknemers efficiënter in omgevingen die passen bij het soort werk dat ze doen. Even belangrijk moet worden gegeven aan het creëren van ruimtes waar werknemers zich kunnen concentreren, samenkomen of een welverdiende pauze kunnen nemen.

analyse vaardigheden

Het is een goed idee om uw analytische vaardigheden op elk professioneel niveau aan te scherpen. Om uw bedrijf te laten floreren, moet u als officemanager inefficiënties kunnen identificeren en stappen ondernemen om deze te corrigeren.

Informatica kennis

Voor een officemanager zijn sterke en bruikbare computervaardigheden niet alleen goed, maar ook noodzakelijk. Moet voldoende kennis hebben om alledaagse IT-taken gemakkelijk, nauwkeurig en efficiënt uit te voeren, waaronder gegevensinvoer, papiervoorbereiding en presentatie-opmaak. U gebruikt waarschijnlijk dagelijks communicatie-, videoconferentie- en onkostendeclaratiesoftware.

snel beslissingen nemen

Ben je in staat om ter plekke snel beslissingen te nemen? Als officemanager zijn er een aantal situaties waarin een snelle reactie vereist kan zijn. Het kan bijvoorbeeld zijn dat u moet afstemmen met de rederij wiens planning meerdere grote items bevat die bij de receptie moeten worden opgehaald, of dat u op het laatste moment een kantoorindeling moet regelen voor een intern evenement.

Er moeten beslissingen worden genomen en deze kunnen voortkomen uit onvoorziene omstandigheden die zich net hebben voorgedaan. Snelle beslissingen kunnen nemen kan gunstig zijn voor een officemanager, vooral in een drukke omgeving.

aanpassingsvermogen aan anderen

Als officemanager heb je waarschijnlijk een eindeloze to-do lijst. Zelfs als die er is, moet je nog steeds enige flexibiliteit kunnen bieden. Er zijn bestellingen die op een bepaalde datum voltooid moeten zijn en andere die op het laatste moment aankomen en uw plannen in de war sturen.

Probeer altijd zo flexibel mogelijk te zijn en probeer elke dag te nemen zoals hij komt. Omdat dingen niet altijd gaan zoals gepland, is het verstandig om je aan te passen zolang het kan.

Huiswerk toewijzen

Het delegeren van taken aan collega's en anderen kan de

efficiëntie en productiviteit van uw kantoor verbeteren, waardoor u belangrijke deadlines kunt halen. Overweeg een groot project op te splitsen in kleinere onderdelen en deze te delegeren aan verschillende teamleden als u dit bijvoorbeeld snel moet doen. Je kunt al deze kleine taken tegelijkertijd uitvoeren. Als u klaar bent, kunt u uw werk en gegevens verzamelen in een samenhangend document of rapport.

Communicatief en benaderbaar

Een essentieel onderdeel van het werk van de officemanager is communicatie. Uiteindelijk zullen ze een van de belangrijkste visuele en interne oppervlakken van het gebouw vormen. Het is belangrijk om een vriendelijke instelling te hebben.

Ongeacht wie ze zijn, iedereen moet de werkplekmanager kunnen benaderen zonder zich geïntimideerd of geïrriteerd te voelen. Door de grote verscheidenheid aan persoonlijkheidstypes, verschillen, achtergronden en vooral anciënniteit is een sociaal persoon letterlijk een pluspunt.

routines creëren

In een kantooromgeving kan het instellen van routines helpen bij het beheren van workflows, het ontwikkelen van manieren om met klantinformatie om te gaan en het reageren op specifieke situaties. Het kan nuttig zijn voor een individu of teamlid om een aangewezen persoon te hebben tot wie hij zich kan wenden als er meer werk nodig is na het voltooien van zijn of haar taken of opdrachten. U kunt helpen bij het ontwikkelen van een zelfbeheerde workflow waarmee een team de hele dag consistent kan werken, waardoor er tijd vrijkomt om zich te concentreren op hun taken en projecten, door die taak toe te wijzen aan een ander teamlid.

Het is ook belangrijk om routines te hebben, zodat u kunt werken en deadlines kunt halen, zelfs in situaties zoals het sluiten van een kantoorgebouw of het uitvallen van een bedrijfsnetwerk. Solide, beproefde routines helpen u bij het oplossen van eventuele problemen of meningsverschillen op de werkplek, of het nu gaat om het maken van back-ups van harde schijven op kantoor of het opzetten van een raamwerk zodat u indien nodig op afstand kunt werken.

begripvol zijn

Elke officemanager moet alle teamleden kunnen begrijpen en inleven. Een officemanager is normaal gesproken de woordvoerder van de overgrote meerderheid van de werknemers, aangezien hij een integraal onderdeel is van het team en goed op de hoogte is van ieders werkomstandigheden. Om ervoor te zorgen dat iedereen wordt gehoord en begrepen, moet je kunnen leiden met charme en empathie.

Een officemanager is meestal lid van gezondheidscommissies of liefdadigheidsinitiatieven. Je moet in staat zijn om initiatieven te leiden die empathie vereisen, een zakelijk perspectief te combineren met mededogen, en verwachtingen en realiteit in evenwicht te brengen.

Probeer onderbrekingen te beperken!

Als officemanager zult u zeker een groot aantal verzoeken tegelijk moeten afhandelen terwijl u uw dagelijkse verplichtingen probeert na te komen. Een schema kan u helpen uw tijd te beheren en onderbrekingen te verminderen, omdat u sneller kunt reageren op specifieke momenten waarop u ze uw volledige aandacht kunt geven. Zorg ervoor dat u momenten gebruikt waarop u denkt dat hij rustiger zal zijn. Sluit de deur, zet je telefoon op stil en blijf gefocust.

hou de stemming vast
Naast uiterlijk wordt de geest van uw werkplek bepaald door hoe mensen met elkaar omgaan, de houding en perspectieven van uw team en het belang van leidende principes zoals respect, vertrouwen en innovatie. Welke taal gebruiken uw medewerkers als ze praten? Welke emoties en gevoelens vertonen de meeste mensen op het werk? Is het stil of lawaaierig? Ben je actief en innovatief of streng gereguleerd en voorzichtig? Helpen of belemmeren deze factoren uw bedrijf?

Zodra er rekening is gehouden met uw omgeving, moet u zorgen voor andere bureaubladbeheertaken. Met een werkbon- of ticketingsysteem kunt u verantwoordelijk zijn voor het intern en extern aansturen van helpdeskpersoneel, beveiligingsteams of onderhoudspersoneel. Daarnaast kan het nodig zijn om het systeemonderhoud te coördineren met de eigenaar of vastgoedbeheerder, nieuwe apparatuur te bestellen en de hardware-inventaris bij te houden. Hoewel er veel details zijn, is één ding altijd hetzelfde: het runnen van een kantoor vereist regelmatige controle en snelle actie.

Wil je de professionele ontwikkeling van het team zien?
Hoewel het bewonderenswaardig is om carrièregemotiveerd te zijn, is het essentieel dat managers ook de carrières van hun teams in de gaten houden. Het is van vitaal belang dat je een passie hebt om je teamleden te ondersteunen tijdens hun loopbaantraject, of ze nu bij het bedrijf blijven, een nieuwe rol binnen de organisatie aannemen of naar een ander bedrijf verhuizen.

Als mensen je zien als een baas die geeft om hun ontwikkeling, kan dat heel lonend zijn op het werk.

Is uw werkplek echt veilig?
Het is verstandig om uw gebouw te beschermen tegen indringers of bedreigingen van buitenaf, hetzij

door middel van een toegangscode of een actief beveiligingssysteem. Hun taken kunnen bestaan uit het leiden van beveiligingsteams, het bewaken van beveiligingscamera's of het overhandigen van sleutels aan nieuwe werknemers. Ook is het essentieel dat meubels en machines op de werkplek veilig gebruikt kunnen worden. Zorg ervoor dat u alle potentiële bedreigingen voor uw faciliteit en campus hebt doordacht en een strategie hebt opgesteld om deze te verminderen.

Verwerkingstechnologie specialist

Begrijpen hoe de technologie werkt, is nuttig. U kunt problemen tegenkomen als u niet bekend bent met enkele van de basisprogrammeurs, waaronder

Microsoft Office en Excel. Het is belangrijk dat managers technisch onderlegd zijn en weten hoe ze online platforms moeten gebruiken.

Het is een vaardigheid die je kunt leren, maar als je nog niet weet hoe je de tools of software moet gebruiken, heb je waarschijnlijk wat oefening nodig.

analytisch

Een van de taken van een manager is om efficiëntere manieren te vinden om de taken uit te voeren. Het is belangrijk om gebieden van uw werk te identificeren waar u mogelijk tekortschiet en hoe u deze kunt aanpakken.

Bij het managen van een kantooromgeving is een analytisch oog een nuttige vaardigheid. Dit kan uw bedrijf helpen geld te besparen en consumenten en klanten beter van dienst te zijn.

Als je je afvraagt: "Hoe kan dit worden verbeterd? of "Wat kan er worden gedaan om het effectiever te maken?" je bent bijna halverwege. Het is een goed idee om analytische buzzwords op te nemen in je cv wanneer je solliciteert naar een dergelijke functie. De termen "probleemoplosser", "kritische denker" en "optimalisatie" zijn allemaal geweldige keuzes.

Stimuleer meer leren en groeien.
Het moreel en de productiviteit kunnen worden verhoogd door teamleden aan te moedigen te groeien en hen meer opleidingsmogelijkheden te bieden. Medewerkers kunnen efficiënter werken en betere resultaten behalen als ze de kans krijgen om hun professionele kennis en vaardigheden te ontwikkelen.

Het kan hen ook in een betere positie brengen voor interne promotie. Als u bijvoorbeeld een marketingassistent een baan geeft waarvoor hij software moet gebruiken waarmee hij niet vertrouwd is, overweeg dan om tutorials te geven of een meer ervaren medewerker te vragen hem te leren hoe hij het programma moet gebruiken. U kunt uw werk sneller afmaken en het programma opnieuw gebruiken voor toekomstige taken.

Hier zijn enkele handige tips om u op weg te helpen.